AF375925

OBSERVATIONS

SUR

LES PROJETS

DE LOIS COLONIALES,

Présentés à la Chambre des Députés.

PAR BISSETTE.

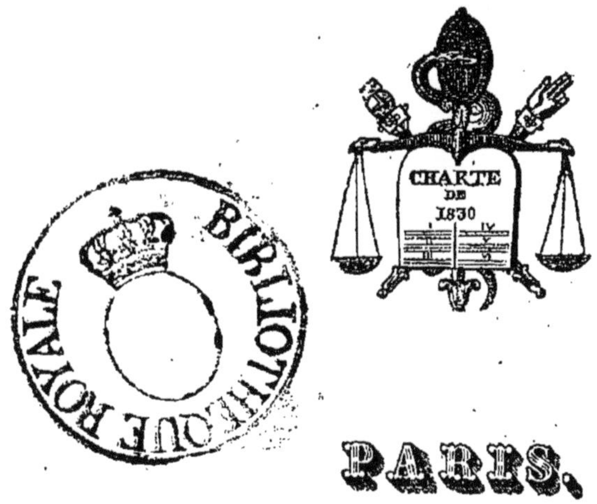

PARIS,

IMPRIMERIE D'AUGUSTE MIE,
RUE JOQUELET, N° 9, PRÈS LA BOURSE.

1832.

OBSERVATIONS

sur

LES PROJÉTS

DE LOIS COLONIALES.

L'organisation politique des colonies françaises devient plus que jamais une nécessité, et les populations de nos Antilles ne peuvent plus se contenter de simples promesses d'institutions ; les esprits sont impatiens d'obtenir des modifications dans les usages et coutumes qui les régissent. Le ministère de la marine, les commissions, les délégués de l'aristocratie coloniale, et divers publicistes s'occupent de cette question. Chacun y apporte le résultat de ses observations, de ses études ; expose les vues de sa philantropie, de son amour des libertés, ou cherche à faire prévaloir les restrictions d'un esprit à préjugés qui rêve le retour d'un tems qui n'est plus, cédant de force aux exigences du moment et torturant autant que possible le peu qu'il cède. Au milieu, je ne dirai pas de ce chaos d'idées, mais de cette profusion de projets de modification législative, il est difficile de choisir le meilleur. On veut bâtir sur du vieux et ne pas assez se pénétrer de cette vérité, que dans une ré-édification, il faut tout changer jusqu'aux bases. En morale et en politique ce ne sont pas les lois qui font les mœurs, mais bien les mœurs qui font les lois. Nous devons donc considérer l'état actuel de la civilisation aux colonies, leurs relations journalières avec la métropole, et juger s'il est bien prudent et bien sage de s'appuyer encore sur une législation arbitraire, faite dans un tems où la civilisation se rapprochait de l'obscurité du premier âge, et où les relations avec les pays d'Europe n'avaient lieu que par et pour les seuls *blancs* des colonies. Ces privilégiés ont fait dans ces contrées la part de leur pouvoir en le basant sur l'ignorance et l'abrutissement des masses, comme dans certains pays les prêtres ont assuré leur empire en l'établissant sur la superstition et le fanatisme. Si donc on est forcé de reconnaître aujourd'hui, que nous sommes aussi avancés en civilisation que ces privilégiés, et que nous arrivons à grands pas au moment où l'immensité des mers n'apportera plus aucune différence dans la civilisation des deux hémisphères, on sera conduit à s'avouer ce qu'il y a de ridicule, à étayer la nouvelle législation sur les ais vermoulus de l'ancien système colonial.

On avait reconnu, au sortir de notre révolution de 1830, la nécessité de faire participer les colonies françaises au bénéfice de l'égalité, et ce principe fut solennellement proclamé, dans l'art. 64 de la Charte, comme devant être leur partage. Sous l'influence de l'élan juste et généreux d'alors, une commission fut nommée à l'effet de préparer le code colonial. Mais on a peine à se rendre compte de cette espèce de fatalité qui paralyse pour les colonies les conséquences, même les plus politiques, de cette glorieuse révolution. Au travail consciencieux et bien élaboré de cette commission, sont venus se joindre un projet de loi sur les droits civils et politiques des hommes de couleur présenté par M. le ministre de la marine, et l'élucubration des colons et de leurs partisans, de ces colons, qui ne veulent voir qu'eux et continuent de se croire les seuls êtres pensans, enfin les seuls hommes, les seuls citoyens aux colonies.

Laissant de côté tous les projets préparés sur cette matière, je n'aurai ici qu'à m'occuper des trois projets qui ont été présentés à la Chambre des Députés.

Le premier de ces projets mérite l'attention du législateur, par l'esprit d'ordre, d'observation, de principe et d'impartialité, qui a présidé à chacun des articles en particulier, à leur coordonnance et leur économie en général; c'est celui sur l'état des personnes aux colonies, présenté, sous forme de proposition à la Chambre des Députés, par M. de

Tracy, qui a fait partie de la première commission de législation coloniale.

Le second projet présenté par le ministre de la marine, est l'œuvre des bureaux des colonies. Dans ses trois articles, il se contente de poser l'un des principes qui servent de base au précédent projet, et néglige les applications.

Enfin le troisième projet sur le régime législatif et constitutif des colonies est en partie l'œuvre des colons ou de leurs délégués à Paris; et s'il n'est pas directement sorti de leur plume, il est écrit dans leurs vûes et pour eux.

Dans l'examen successif que je vais faire de ces trois projets de loi, j'intervertirai l'ordre de leur mise au jour. Je commencerai par le second, comme promulguant les principes qui doivent régir nos colonies, mais ouvrant, par sa concision, une trop large voie à l'arbitraire de l'interprétation.

PROJET DE LOI

SUR LES DROITS CIVILS ET POLITIQUES, EN FAVEUR DES HOMMES DE COULEUR,

Présenté par le Ministre de la Marine, le 27 octobre 1831.

ARTICLE 1ᵉʳ. « *Toute personne née libre, jouit, dans les Colonies françaises, sans distinction de couleur, 1º des droits civils; 2º des droits politiques, sous les conditions prescrites par les lois.*

Art. 2. « *Les affranchis jouissent des droits civils immédiatement après leur affranchissement légal.*

« *Ils sont admis à l'exercice des droits politiques dix ans après la date de cet affranchissement, sous les conditions énoncées en l'article précédent, et pourvu qu'ils sachent lire et écrire.* »

Art. 3. « *Toutes dispositions d'édits, ordonnances ou réglemens, contraires à la présente loi, sont abrogées.* »

Le ministre de la marine, dans son exposé des motifs, et par ces trois articles du projet, croit avoir satisfait à tout ce que les colonies ont droit d'attendre de lui ; mais il est facile de reconnaître que cette proclamation de nos droits civils et politiques n'est qu'un aveu qu'on est tenté de croire fait à contre-cœur, avec l'arrière-pensée d'en contester l'application chaque fois qu'un ayant-droit viendra la réclamer. Ce projet doit être comparé à la Charte de 1830, isolé de toutes les dispositions législatives qui en réglent l'exercice.

Je demanderai ce que l'on peut entendre par ces mots du premier article : « *Sous les conditions prescrites par les lois ?* » Sont-ce les lois coloniales contraires au principe proclamé ? Sont-ce les lois de la métropole ? Car je ne sache pas que celles-ci aient été promulguées aux colonies. Eh ! qu'on ne pense pas que je veuille ici faire une guerre de mots, mais j'argumente ainsi, éclairé que je suis par cette fatale expérience qui m'a appris combien, aux colonies, les autorités sont habiles à jouer, non pas avec l'esprit, mais avec la lettre de la loi ; ils s'en font un retranchement d'autant plus fort, que la lettre sert au mieux leur haine de toute espèce de concession libérale. Si l'intention réelle de M. le ministre de la marine est de faire voter une loi qui accorde aux hommes de couleur libres, la jouissance des droits civils et politiques, il doit s'expliquer formellement et dire ce qu'il entend par *libre ;* car le ministre a trop de connaissance de l'état des esprits aux colonies, pour ne pas savoir qu'on mettra de côté l'exposé de ses motifs, qui, ne recevant pas l'honneur de la promulgation légale, ne saurait faire partie de la loi.

M. le ministre de la marine ne peut avoir oublié que là où on tourne le sens des instructions du gouvernement et des ordonnances royales les plus positives, on saura méconnaître les intentions qui ont pu l'animer, pour ne s'attacher uniquement qu'à l'interprétation de la loi.

Or, comme aux colonies il y a une foule d'arrêtés, de réglemens et ordonnances, ayant force de loi, qui ont fixé les conditions de la liberté contrairement au principe proclamé dans le projet de loi en question, il est urgent de définir ce que l'on entend pas *personne libre*.

Si la rédaction de toutes lois en général doit être claire et précise, c'est essentiellement pour les colonies, dont il faut considérer les fonctionnaires, continuellement en contact avec une classe privilégiée, ou comme doués d'un esprit entièrement obtus, ou comme mus par une insigne mauvaise foi.

A l'appui de ce raisonnement, s'il fallait rapporter des faits, je citerais la position précaire de 8,000 *patronés* à la Martinique, comme l'a reconnu le ministre lui-même, dont les autorités locales contestent journellement les droits à la liberté, en contradiction avec tous les principes de justice, et avec les plus récentes ordonnances royales, qui veulent que le libre de fait, celui qui s'est racheté de l'esclavage, ou qui descend d'une mère libre de fait, obtienne sans rétribution aucune, sa patente de liberté, ou *manumission*. Quand on en est encore là aux colonies pour la simple admission à un état de liberté, qu'on considérerait partout ailleurs comme éphémère, comment M. le ministre peut-il penser un seul instant que les motifs de son projet de loi seront compris sans conteste de ceux qui sont chargés d'en faire l'application ?

Pour démontrer le danger de la brièveté de ce

projet de loi, je me bornerai à citer quelques exemples.

1° A la Martinique, on conteste le droit d'homme libre à toute personne qui, née dans cette colonie, a obtenu dans une île étrangère, et même à la Guadeloupe, autre colonie française, sa patente de liberté.

2° L'enfant issu de cette même personne, soit qu'il soit né dans une possession française, ou dans une possession étrangère, n'est pas admis à jouir de son droit de liberté.

3° L'esclave qui parvient, à l'aide du fruit de ses économies, à désintéresser son maître de toute prétention sur sa personne, en se rachetant de l'esclavage, est libre de fait sans l'être de droit; dans cette situation précaire, il ne peut jouir de ce qu'on est convenu d'appeler *la liberté légale*, ni exercer les plus simples droits de citoyen, quelle que soit sa fortune ou celle qu'il acquerra par son industrie devenue plus libre : il lui faut encore la patente d'affranchissement, que le gouvernement peut seul délivrer. Placé dans cet état équivoque, il peut être *remis en esclavage* et *vendu au profit de l'État*, le régime colonial actuel et le projet de loi du ministre ne fixant pas l'état civil de l'individu qui se trouve dans cette catégorie.

4° Celui qui a obtenu sa patente de liberté lorsque la colonie de la Martinique était sous le gouvernement du général Rochambeau, n'est plus reconnu aujourd'hui comme *libre;* on lui oppose un arrêté du 7 janvier 1804, qui a replacé dans l'esclavage tout porteur de ces titres, encore bien qu'il ait joui sans interruption de la liberté de fait et de droit.

5° Tous ceux qui, libres de fait et vivant sous l'empire du patronage, sont par testament laissés dans une espèce d'oubli de la part de leur ancien maître, n'ont pu encore obtenir la *manumission* du gouvernement, et, bien que n'appartenant à personne, sont exclus du droit de liberté.

6° Les patronés que le gouvernement élève à la qualité de gardes nationaux, fonctions dévolues aux seuls libres de droit, et auxquels il refuse la patente de liberté, malgré leur service dans cette garde civique, sont traités à l'égal des esclaves.

Ces exemples suffisent pour démontrer combien la proposition faite par M. le ministre de la marine est éloignée du but apparent qu'il se propose, et des intentions bien connues du gouvernement. En effet, si le projet pouvait être adopté tel qu'il est rédigé, il s'en suivrait que tous ceux qui se trouveront dans l'un des cas qui précèdent, ne seraient pas aptes à profiter de la jouissance de leurs droits civils et politiques. Il serait donc juste de régler la condition de ces individus, et, une fois affranchis de l'esclavage, ils devraient participer à tous les droits civils et politiques, si, d'un autre côté, ils remplissent les conditions légales ; car la certitude de ne pouvoir être vendus sur le marché public n'est pas le seul droit qu'ils aient dû acquérir par leur rachat de l'esclavage.

La position des hommes de couleur nés libres et des affranchis, qui était la même pour tous avant la révolution de 1830, a été améliorée par des ordonnances royales, sous l'administration à la marine, de MM. Sébastiani et d'Argout. Cette nouvelle position est la revendication d'un droit long-temps méconnu ; elle est conforme aux dispositions de l'édit de 1685, appelé *code noir*, que des arrêtés locaux, sous l'influence des colons, avaient annullées.

« *Déclarons* (dit l'art. 57 de cet édit) *l'affran-*
« *chissement fait dans nos isles, tenir lieu de*
« naissance, *et les* esclaves affranchis *n'avoir*
« *besoin de nos lettres de naturalité, pour jouir*
« *de* l'avantage *de nos sujets naturels du royaume,*
« *encore qu'ils soient nés dans les pays étran-*
« *gers.* »

Et dans l'art. 59, il est dit : « *Octroyons aux*
« *affranchis,* les mêmes droits, priviléges et
« immunités *dont jouissent les personnes libres ;*
« *voulons que le mérite d'une liberté acquise pro-*

« *duise en eux, tant pour leurs personnes que*
« *pour leurs biens, les mêmes effets que le bon-*
« *heur de la liberté naturelle cause à nos autres*
« *sujets.* »

« Notre régénération politique, a dit le minis-
« tre, dans l'exposé des motifs de son projet de
« loi, devait réaliser complètement, à l'égard des
« hommes de couleur, les vœux des esprits éclai-
« rés. Le gouvernement s'est empressé de donner
« des ordres pour faire cesser l'effet des actes qui
« avaient prononcé diverses prohibitions ; et les
« restrictions auxquelles ils avaient été soumis,
« relativement à l'exercice des droits civils, ont
« également cessé. »

Nous regrettons de retrouver ces mêmes restrictions dans le projet du ministre. Par l'art. 2,
il est dit que « *les affranchis sont admis à l'exer-*
» *cice des droits politiques dix ans après la date*
» *de leur affranchissement.* » Pourquoi cette distinction injurieuse entre l'homme né libre et l'affranchi ? Pourquoi établir une différence de droits
entre des hommes qui, avant juillet 1830, étaient
frappés des mêmes incapacités, et pour lesquels
il y eut toujours communauté d'infortune ? Les
mêmes espérances d'un avenir meilleur les ont
long-temps soutenus ; aujourd'hui que le terme
de leurs maux est enfin arrivé, les dispositions
libérales des ordonnances royales ne peuvent, sans

injustice et sans conséquence politique assez grave, ne pas se retrouver dans la loi qui va tout sanctionner, tout légaliser; il ne doit et ne peut y avoir entre l'homme né libre et l'affranchi aucune espèce de différence en droits (1).

En effet, ne serait-il pas absurde de voir appeler à l'exercice des droits politiques le frère cadet quand l'aîné en serait exclus, parce que le droit de la force aurait réduit celui-ci en état d'esclavage, avant son affranchissement, tandis que le hasard aurait fait naître libre celui-là ?

Pour soutenir cette distinction, le ministre a dit que « le gouvernement a pensé qu'il convenait « de n'admettre les affranchis à la participation des « droits politiques qu'après dix ans de liberté lé- « gale. Ce laps de tems, passé au sein de la so- « ciété, a été jugé nécessaire pour que les affran- « chis y aient pris la part de civilisation et de « lumières qu'exige l'exercice de droits aussi im- « portans. »

____

(1) Dans une première rédaction de ce projet de loi, on privait les affranchis de la jouissance des droits politiques : c'était l'extrême opposé de ce que nous demandons; mais, après plusieurs démarches, mes collègues, MM. Richard, Fabien et moi, avons obtenu de M. le Directeur des colonies leur admission. Celui-ci la recula jusqu'à la cinquième année de leur affranchissement, et M. le Ministre doubla ce terme dans le projet présenté par lui.

Avant d'examiner l'étendue de ces droits aux colonies, qu'il me soit permis de démontrer par un seul exemple, combien la règle posée par le ministre est susceptible d'exception, d'après son propre raisonnement.

Un enfant né d'une esclave et d'un père libre, blanc ou de couleur, élevé sur l'habitation de son père avec une tendresse paternelle, et dans l'ignorance de son état civil (fait dont beaucoup de familles offrent l'exemple aux colonies), peut-il raisonnablement être considéré comme cet être auquel le ministre assigne dix années de stage au sein de la société, afin d'y prendre *la part de civilisation et de lumières qu'exige l'exercice des droits politiques* ? Pour cet enfant né esclave, il y a eu possession de la liberté, puisqu'il n'a jamais connu sa véritable condition ; il jouit parfois des bienfaits d'une éducation supérieure à celle de certains libres, et même de certains blancs. On pourrait citer de ces individus nés esclaves, mais libres par le fait, dont l'éducation a été faite en Europe, et qui n'ont connu leur position qu'à leur retour dans la colonie. Ainsi, d'après le projet ministériel, il faudra dix années d'affranchissement et la condition de savoir lire et écrire pour exercer les droits politiques ; alors que celui qui aura des connaissances supérieures à la condition imposée, de savoir lire et écrire, mais qui aura été élevé dans les habitudes de l'homme né libre, sera placé sur la même ligne que celui qui sera né et élevé dans l'esclavage. Je ne consigne ici cette contradiction que pour démontrer l'imperfection du projet : dans mon opinion l'égalité doit être pour tous.

Pour terminer avec le projet de loi proposé par M. le ministre, je ferai observer que tant qu'il n'aura pas spécialisé, défini et, pour ainsi dire, prévu toutes les différentes positions des personnes libres, dont l'état ne sera pas assez authentique pour éviter soit une contestation, soit une chicane judiciaire, on n'aura jamais atteint le but et l'intention du gouvernement. Enfin, il faut, non pas s'arrêter aux théories, mais se bien pénétrer des exemples cités plus haut, pour consacrer à chacun d'eux un article de prévision.

PROJET DE LOI

SUR L'ÉTAT DES PERSONNES DANS LES COLONIES,

Proposé à la Chambre des Députés, par M. de Tracy, le 7 septembre 1831.

Dans son exposé des motifs sur le projet de loi relatif aux droits civils et politiques en faveur des hommes de couleur, M. le ministre a dit, qu'à l'une des séances de la Chambre des Députés, la majorité de cette Chambre a écarté par l'ajournement une proposition de loi sur l'état des personnes aux colonies, qui avait été présentée par un de ses membres (M. de Tracy). Mais, tout en reconnaissant que ce projet de loi déterminait la marche à suivre dans les divers cas d'affranchissement, M. le ministre paraît penser que ce projet est superflu, qu'il l'a remplacé en partie par la loi organique, et que diverses ordonnances de 1830 et 1831 y suppléaient. C'est, ou une erreur de fait, ou fermer volontairement les yeux à l'évidence. En effet, ce projet de loi que l'honorable M. de Tracy a présenté en forme de proposition, comme résultat des travaux d'une commission consciencieuse dont il avait été membre, lève toutes les difficultés signalées plus haut, et prouve combien MM. les membres de cette première commission étaient pénétrés de la nécessité de murer à jamais la porte à l'esprit d'argutie qui, jusqu'à présent, a été si fatal à la liberté aux colonies ; ce que nous voyons avec regret se reproduire, malheureusement, dans le projet sur *les droits civils et politiques en faveur des hommes de couleur*, et dans celui sur *le régime législatif des colonies*.

Les dispositions fondamentales du projet de loi sur l'état des personnes, sont ainsi conçues :

TITRE Ier.

DES PERSONNES LIBRES.

ART. 1er.

« *Sont libres de plein droit,*

« *1° Toutes personnes nées d'une mère qui était libre ou affranchie au moment de leur naissance* ;

« *2° Toutes celles qui ont été régulièrement affranchies par leurs maîtres* ;

« *3° Toutes celles qui, à l'époque de la promulgation de la présente loi, auront accompli 8 années de service dans la milice ou dans les bataillons coloniaux, alors même que leur incorporation n'aurait pas été régulière* ;

« *Les personnes désignées au paragraphe ci-dessus seront inscrites immédiatement sur les registres de l'état civil.* »

ART. 2.

« *Seront définitivement libres et inscrits sur les registres de l'état civil, après l'accomplissement des formalités prescrites par les articles suivans* (1) :

___

(1) Ces articles veulent que les individus compris dans l'article précédent soient inscrits par l'officier de l'état civil sur un registre spécial, ouvert à la mairie de chaque commune ; que ces inscriptions restent affichées pendant un mois à la mairie, à la porte du tribunal de première instance, et insérées trois fois, de huitaine en huitaine, dans un des journaux de la colonie.

« 1° *Tous les individus qui, affranchis par des actes des gouverneurs ou autres autorités supérieures coloniales, ne sont pas retombés sous la puissance d'un maître ;*

« 2° *Tous ceux qui, affranchis par des actes même irréguliers et passés soit dans la colonie, soit hors de la colonie, prétendent jouir de la liberté de fait ;*

« 3° *Tous ceux qui, affranchis de la manière indiquée dans le précédent paragraphe, ne jouiront pas de la liberté de fait, mais seront, à l'époque de la promulgation de la présente loi, en possession, soit du maître qui les a affranchis, soit de ses héritiers, légataires universels ou à titre universel ;*

« 4° *Tous ceux qui, affranchis de la même manière, ont été remis aux mains d'un tiers qui leur sert de maître fictif ou de patron.*

« 5° *Tous ceux qui, en l'absence d'acte d'affranchissement, le cas de marronage excepté, seront en possession de la liberté de fait, et en justifieront par un acte de notoriété reçu par un juge de paix, et auquel auront concouru sept personnes libres, domiciliées, patentées ou propriétaires fonciers.* »

Ces diverses dispositions rendent assez bien l'idée du gouvernement, de voir enfin régner aux colonies cet esprit de liberté légale, sans toutes ces honteuses exceptions qui ont fait tomber en désuétude, ainsi que M. le ministre le reconnaît lui-même, les dispositions de l'édit de 1685, favorables à la liberté. MM. les Députés auront donc à se prononcer entre une rédaction si formelle dans sa contexture, qu'elle devient impérative pour tous les cas prévus, *pages 10 et 11*, et une rédaction qui, libérale au premier abord, ne détermine aucune circonstance et laisse tout au libre arbitre, ainsi que je crois l'avoir démontré.

Le reste de ce projet de loi, divisé en trois titres, est entièrement consacré à l'état des personnes, à l'affranchissement, à la jouissance des droits civils et politiques, et offre, dans son ensemble et sa coordonnance, le complément du projet de loi ministériel qui précède.

Au titre 2ᵉ de l'affranchissement, il est dit :

Art. 10.

« *L'affranchissement aura lieu de plein droit :*
« *1° Par le mariage d'une personne libre avec son esclave ;*
« *2° Par la reconnaissance des enfans naturels issus du maître et de l'esclave ;*
« *3° Par l'adoption de la part du maître des enfans de son esclave ;*
« *4° Par l'institution qu'un maître fera de son esclave, soit comme exécuteur testamentaire, universel ou à titre universel.* »

Les articles qui suivent au titre 3e déterminent les formalités à remplir pour parvenir à l'affranchissement, le mode de procéder en cas d'opposition; et enfin, une des dispositions communes aux deux premiers titres, s'exprime ainsi :

ART. 23.

« *Tout esclave déclaré libre et inscrit à ce titre sur les registres de l'état civil, ne pourra plus être remis en esclavage sous quelque prétexte que ce soit.* »

C'est l'abrogation de l'arrêté colonial du 15 mars 1803, qui permet de réduire en esclavage l'enfant né libre. Il est indispensable que cet article soit introduit, sous forme d'amendement, au projet de loi du ministre.

Une seule disposition a été omise dans celui présenté par M. de Tracy, celle pour le cas où un esclave voudrait se racheter, le mode qu'il aurait à suivre afin d'arriver à ce rachat.

On pourrait reprocher aussi aux auteurs de ce projet, d'avoir semé, sans doute à leur insu, beaucoup trop de difficultés dans certaines formalités à remplir relativement à l'affranchissement des esclaves, à l'opposition des tiers (1), à celle laissée

____

(1) L'honorable M. de Tracy, en présentant ce projet à la Chambre, a lui-même reconnu ces difficultés, mais il avait voulu ne rien changer au travail de la commission;

au procureur du roi, et qui est facultative de la part de ce magistrat; cette dernière doit n'avoir lieu que dans le seul intérêt de l'esclave, et non dans celui du maître. Par ce moyen, on évitera qu'un maître avare ou oublieux des services qu'il aura reçus de son esclave, l'affranchisse lorsque les infirmités du corps ou de l'âge seront devenues le partage de celui-ci. Tel est au moins l'esprit qui a dirigé la commission de législation coloniale, ainsi que l'atteste son procès-verbal.

———

PROJET DE LOI

SUR LE RÉGIME LÉGISLATIF DES COLONIES,

Présenté par M. le Ministre de la Marine, le 16 décembre 1831.

Il ne me reste plus qu'à parler du troisième projet, sur lequel repose l'espoir du ministre de voir les colonies régies enfin par un code sage et libéral. C'est parce que je suis convaincu de la sincérité des vues du gouvernement, que je vais me livrer à un examen qui démontrera que ce projet est loin de remplir son but.

---

se réservant la faculté d'adhérer aux amendemens qui auraient été proposés dans le sens de ses opinions et dans des vues plus larges et plus favorables à l'affranchissement.

Par l'article 1ᵉʳ, un conseil colonial remplace le conseil général. Mais c'est comme par le passé, le nom seul change et les vices restent, ainsi qu'on le verra plus tard dans le mécanisme de la loi. En effet, par suite des combinaisons des auteurs du projet, le conseil colonial sera entièrement composé de blancs, qui ne devront confier leurs intérêts qu'à eux-mêmes.

C'est ainsi que nous voyons, dans une lettre, en date du 15 octobre 1831, adressée à M. le ministre de la marine, par les délégués des colons, cette pensée devenue pour eux une question vitale. Dans leur système, le cens électoral et d'éligibilité doit être très-élevé, afin de n'y faire participer que quelques privilégiés, par conséquent les grands planteurs, en possession depuis long-temps du pouvoir aux colonies. Hors de ce principe, MM. les délégués de cette aristocratie ne craignent pas de faire au gouvernement la menace de voir s'éloigner les blancs des colléges électoraux, parce que pour eux il n'y a de sécurité que dans la fortune territoriale de la minorité, et non pas dans l'assentiment de la majorité libre : leur théorie est encore plus impolitique que celle du double vote. Ecoutez leurs menaces déguisées sous formes d'objections : « On s'est demandé, « disent-ils dans leur *lettre au ministre de la ma-* « *rine*, si, aux Antilles, par exemple, la popula-

« tion blanche se réunirait aux hommes de cou-
« leur, pour voter dans les colléges électoraux ?
« Nous croyons pouvoir assurer que ce rappro-
« chement des deux classes dépendra tout à fait
« de l'importance des conseils coloniaux. Si leurs
« attributions sont suffisantes, positives et effica-
« ces, telles que nous les réclamons, *il est certain*
« *que les blancs participeront aux élections*; dans
« le cas contraire, il y aurait doute sur ce point,
« par conséquent *impossibilité d'exécuter la loi.*»
C'est-à-dire, en termes très-clairs, nous voulons
posséder toujours nos priviléges et nos avantages;
faute de quoi, nous nous retirerons des affaires
publiques, et, sans nous, vous ne pouvez rien
faire.

ART. 2.

« *Seront faites, dans la forme établie pour la*
confection des lois du royaume, les lois civiles et
criminelles concernant les personnes libres ; les lois
pénales qui déterminent, pour les personnes non-
libres, les cas où la peine capitale est applicable ;
les lois sur le commerce et le régime des douanes ;
l'organisation judiciaire, la jouissance des droits
politiques, la répression de la traite des noirs, les
règles à suivre pour les concessions d'affranchis-
sement, et toutes les lois que le gouvernement du
Roi jugera nécessaires pour régler les relations
entre la métropole et les colonies. »

La rédaction de cet article rentre dans la légalité que nous réclamons ; mais comme elle a fourni à MM. les délégués des colons texte à quelques modifications sur l'affranchissement, je crois devoir les combattre et demander, non-seulement le maintien de l'article tel qu'il est rédigé dans le projet, mais encore l'adjonction de l'art. 3, dont le sens est opposé à la Charte, ainsi que je vais le démontrer bientôt.

L'affranchissement étant, en droit, un retour à un principe naturel, dont on ne s'est écarté que par l'abus le plus révoltant de la force, on a tort de prétendre qu'il n'*intéresse que la société coloniale*. A la législature seule, au contraire, appartient le pouvoir d'en formuler les règles ; et ce serait frapper à l'avance de nullité les intentions de la métropole, à l'égard de la reconnaissance d'un droit naturel, que d'en subordonner la concession au bon plaisir ou à l'intérêt de la société coloniale. Il est dans la nature des possesseurs d'esclaves, abstraction faite de couleur, de s'opposer à tout affranchissement : ils sont là, dans l'exercice de leurs priviléges, de leurs usages, de leurs mœurs, comme les esclaves sont dans l'exercice de leurs droits, en réclamant la cessation d'un abus aussi inhumain. Que MM. les délégués demandent que les règles à suivre pour la concession d'affranchissement soient confiées au conseil colonial, je le conçois; mais que le législateur cède à leur exigence, c'est ce que je ne puis croire, et je pense qu'il me suffira d'avoir signalé leurs observations pour qu'il en soit fait justice.

Je passerai donc à l'examen de l'art. 3.

ART. 3.

« *Il sera statué par ordonnances royales sur tout ce qui concerne la police des cultes, la police de la presse, l'instruction publique, l'organisation et le service des gardes nationales, les recensemens, les améliorations à introduire dans la condition des personnes non-libres, qui seraient compatibles avec les droits acquis, le système de pénalité qui est applicable à cette classe pour tous les cas qui n'emportent point la peine capitale.*

« *Seront entendus préalablement le conseil privé, auquel seront adjoints deux membres du conseil colonial, et les délégués de la colonie.* »

C'est tout juste mettre à exécution l'art. 73 de la Charte de 1814, et violer ouvertement l'article 64 de la Charte de 1830. Ce dernier article veut impérativement que les colonies soient *régies par des lois particulières*; et l'on est surpris de voir qu'on ait osé proposer à la Chambre la violation de cette disposition. Une fois entré dans cette voie illégale, il n'y aurait plus de frein, et l'on pourrait réviser, par des actes législatifs, tous les articles du pacte fondamental.

Il y a encore cette observation fort remarquable à faire, que, dans la Charte de 1814, au Roi seul était laissée la faculté de faire les ordonnances et réglemens pour les colonies ; et dans le projet de loi présenté par le ministre de la marine, cette faculté ne lui est déléguée que conjointement avec le conseil privé du gouverneur de la colonie, auquel seront admis deux membres du conseil colonial, et les délégués de la colonie. De telle sorte que c'est une atteinte des plus graves portée à la Charte de 1830. Or, comme cette Charte ne donne pas au Roi le pouvoir constituant, ce serait aller, d'illégalité en illégalité, au plus pur arbitraire, que de l'investir de la plus faible portion de l'art. 73 de l'ancienne Charte (1).

---

(1) Nous saisissons cette occasion pour signaler à l'attention de MM. les Députés une erreur de rédaction, qui s'est glissée dans le réglement imprimé et distribué aux membres de la Chambre. Dans la Charte, imprimée en tête de ce réglement, l'art. 64 est ainsi conçu : « *Les colonies seront régies par* » *des lois et réglemens particuliers.* » Alors que le même article de la Charte de 1830, telle qu'elle a été publiée dans le *Bulletin des Lois*, porte exactement ce qui suit : « *Les co-* » *lonies sont régies par des lois particulières.* » Ceci rappelle la variante de l'art. 57 de l'édit de 1685 (*code noir*). La rédaction première était : « *Voulons que le mérite d'une liberté* » *acquise produise en eux* (les affranchis) *les mêmes effets* » *que le bonheur de la liberté naturelle.* » Celle qui fut fal-

Les délégués des colons, dans leurs observations à ce sujet, sont d'accord avec moi, mais nous différons sur les modifications à apporter à cet article : eux voudraient que la délégation de ce pouvoir ne fût pas donnée à la couronne, mais exclusivement aux conseils coloniaux qui, seuls, seraient juges de l'opportunité des améliorations à introduire dans le régime des colonies; alors, au contraire, que moi je demande qu'on ne sorte en rien de la Charte; et puisque son article 64 veut que le sort des colonies soit à l'avenir réglé, modifié par des Lois, que ce pouvoir ne soit dévolu ni au Roi, ni aux conseils coloniaux.

Conçoit-on, en effet, qu'en présence de l'article 64 de la Charte, la garde nationale, l'état des personnes non-libres, les recensemens, le système de pénalité applicable aux esclaves, la peine capitale exceptée, ne soient pas laissés au gouvernement représentatif, et qu'ils soient dévolus au Roi seul? Cette remarque suffit, selon mon opinion, pour faire crouler toute l'économie de l'article.

Les délégués de l'aristocratie coloniale insistent pour que l'organisation des gardes nationales ne

---

sifiée dans les exemplaires imprimés pour les colonies, portait : « *Voulons qu'ils* (les affranchis) *méritent une liberté ac-* » *quise,* etc., etc. »

soit pas laissée à la législature métropolitaine.
Leur arrière-pensée est que les hommes de couleur n'arrivent jamais aux grades d'officiers. Il est
indispensable que cette institution soit régie aux
colonies, comme elle l'est en France, et que, pas-
sant outre aux répugnances des colons, on in-
troduise dans la loi le principe de l'élection des
officiers qui composent cette garde civique ; c'est
un des moyens d'opérer la fusion tant désirée,
et d'enlever à une classe amie fidèle des priviléges
la nomination des emplois ; car ce n'est pas assez
de vouloir le bien et la liberté , il faut encore assurer l'un et l'autre par des moyens d'exécution.
Qu'arriverait-il si, aussi susceptibles qu'une autre
classe, les hommes de couleur, qui composent en
grande partie la garde nationale, refusaient de
faire partie plus long-temps d'une institution en
dehors des termes de la Charte, et prenaient
exemple , mieux fondé , sur les blancs qui menacent de ne pas se rendre aux colléges électoraux, si le cens, mis à la portée de la majorité,
y donnait entrée aux hommes de couleur ? Ce ne
sera pas la seule occasion que j'aurai de prouver
que là , où nous réclamons les conséquences ri-
goureuses de l'article 64, pour établir dans nos
colonies l'égalité légale , les colons menacent le
gouvernement d'une force d'inertie pour amener
l'impossibilité d'exécuter les lois dont on s'occupe.

(Lettre des délégués au ministre de la marine, 15 octobre 1831, page 5, § 2.)

ART. 4.

« Seront soumis au conseil colonial par le gouvernement, les projets d'arrêtés d'intérêt local, notamment en ce qui concerne l'organisation municipale, les recettes et les dépenses municipales, le régime des habitations, les plantations de vivres, les travaux publics, les routes royales, les chemins vicinaux et de passage, la police rurale, les dessèchemens, les concessions, la santé publique, les banques et comptoirs d'escompte, les emprunts, acquisitions, échanges ou aliénations d'immeubles, les dons et legs au-dessous de 1,000 fr., les bureaux de bienfaisance, les hospices, les prisons, les encouragemens à donner à l'instruction primaire, les récompenses à accorder pour des services signalés rendus à la colonie, l'assiette et la répartition de l'impôt, le budget colonial, sous les réserves portées à l'art. 7 ; l'emploi des fonds de réserve et des fonds votés extraordinairement pour des dépenses spéciales, et toutes les matières d'intérêt local, qui ne sont pas comprises dans les articles 2 et 3. »

Cet article assimile le conseil colonial au conseil général de nos départemens de France, et donne à celui-là un pouvoir plus étendu, celui de voter l'impôt. Mais il serait à désirer qu'on précisât davantage les attributions de ce conseil, et qu'on définît d'une manière plus claire ce que l'on entend par « *régime des habitations.* » L'organisation municipale ne peut être confiée au vote du conseil colonial, car c'est du domaine législatif. A ces observations près, l'article rentre dans la légalité que nous réclamons. Cependant il a fourni à MM. les délégués texte à de longues doléances, dont le but est d'en venir à cette pensée, que le gouvernement, pour éviter le mécontentement des colons, n'a qu'à se confier uniquement à ceux-ci, *dans un moment où de grands dangers les environnent.* Ils disent enfin que, dans ce cas, *ils seront les seuls responsables des événemens et des commotions qui pourraient arriver.* (Page 8 de leur *Lettre au ministre de la marine.*)

Or, je demanderai, à mon tour, si ce n'est pas précisément parce que jusqu'ici le ministère de la marine a mis des retards à l'exécution franche et entière de l'art. 64 de la Charte, et semble vouloir gouverner encore les colonies comme par le passé, c'est-à-dire par le bon plaisir des bureaux, et en laissant aux colons le monopole et le privilége des emplois, des droits politiques, et tous les avantages dont jouissent les citoyens libres, si, dis-je, ce n'est pas à ces causes qu'il faut rattacher les *grands dangers qui les environnent.*

Je le répète, ces dangers ne naissent que d'une impatience légitime, d'une soif de liberté et d'égalité, mais non pas de ce que les colons sont à la veille de perdre un pouvoir dont ils abusent depuis tant d'années, et qu'ils veulent encore retenir en leurs mains. En effet, à propos de cet art. 4, ils disent qu'il serait nécessaire de laisser au vote du conseil colonial : 1° « Les améliorations à introduire dans la condition des personnes non-libres, *qui seraient compatibles avec les droits acquis,* et les règles à suivre pour les concessions d'affranchissement. » C'est-à-dire, en d'autres termes, que les esclaves ne pourront se racheter qu'autant qu'il plairait à leur maître, et que ce que nous voulons, d'accord avec l'humanité, qui soit un droit, devienne une concession.

2° « L'administration et le recensement des personnes non-libres. » C'est-à-dire la continuation de la traite des noirs ; telle est la pensée que cachent ces expressions (1).

___

(1) En parlant du traité conclu entre la France et l'Angleterre, sur le droit de visite réciproque, M. Lacharière, délégué des colons de la Guadeloupe, s'exprime, ainsi page 60 de sa brochure intitulée : *Du Système de Colonisation.*

« Maîtresse du droit de visite, l'Angleterre va *détruire la population noire de nos colonies, en l'empêchant, par ses croisières, de se recruter.* » Cet aveu naïf du colon délégué vient à l'appui de mon observation.

3° « L'instruction publique. » C'est-à-dire qu'il y aurait à la Martinique un collége *Saint-Victor*, et une maison des dames *Saint-Joseph*, pour les seuls jeunes gens et jeunes demoiselles de la classe privilégiée, et qu'on chasserait de la Guadeloupe le professeur venu d'Europe, qui donnerait des leçons en ville aux jeunes gens de couleur.

4° « Le système *de pénalité*, applicable aux esclaves pour tous les cas qui n'emportent pas la peine capitale. » C'est-à-dire la conservation de la peine horrible des *trois piquets*, la *chaîne de police*, véritable galère, voire même les *oreilles* et les *jarrets coupés*, à ajouter à toutes les autres peines légales du code pénal.

Les articles 5 et 6 ne donnent lieu à aucune observation.

ART. 7.

« *Le budget de la colonie sera, en ce qui concerne les dépenses, divisé en deux parties.*

« *La première intitulée : dépenses d'intérêt général et obligatoires, comprendra le gouvernement colonial, l'administration de la marine et de l'intérieur, le service de santé, le service financier, l'instruction publique, la justice et les travaux de défense.*

« *La seconde, intitulée : dépenses locales et facultatives, comprendra celles du culte, de la police,* des ponts-et-chaussées, des approvisionnemens, des routes royales et des chemins vicinaux, des canaux, des dessèchemens et autres travaux publics, des divers agens, autres que ceux qui sont énoncés à la première partie, et diverses dépenses portées au chapitre 5 du budget colonial, et qui ne sont pas comprises dans la nomenclature des dépenses obligatoires.

« Le conseil colonial pourra faire des observations sur les dépenses d'intérêt général et obligatoires, mais il ne pourra les rejeter, ni en totalite, ni en partie.

« Le conseil colonial pourra rejeter tout ou partie des dépenses locales et facultatives, comprises dans la deuxième partie du budget. En cas de rejet, il pourra réduire proportionnellement l'impôt, mais la réduction ne sera portée que sur les contributions indirectes.

« Si le conseil s'abstenait de voter l'impôt direct, le gouverneur, en conseil privé, y pourvoirait d'après les bases établies pour l'année précédente. »

Il est, selon moi, impolitique et imprévoyant de soumettre au conseil colonial la faculté de régler la quotité des approvisionnemens de la colonie. L'histoire à la main, il me serait facile de prouver que l'esprit colonial, lors de guerre avec une nation rivale de la France, a été peu scrupuleux sur les moyens d'amener le cas de nécessité, par suite duquel une reddition ou capitulation de la colonie était le seul parti à prendre. Mais je craindrais, en citant de tels antécédens, d'éveiller des souvenirs fâcheux, et je ne m'attacherai ici qu'aux grands principes d'administration.

Dans les villes où les approvisionnemens deviennent, pour ainsi dire, le privilége de quelques hommes, le gouvernement exige une garantie qui le mette hors de la dépendance de ces mêmes hommes. Pourquoi le gouvernement de la métropole se placerait-il à la merci des colons, en rendant facultative, pour eux, la question de l'approvisionnement ? Il ne peut, sans manquer à tout esprit de prévoyance, rester désarmé devant le conseil colonial. Il conviendrait donc que l'approvisionnement fût compris dans la première partie de cet article, aux *dépenses d'intérêt général et obligatoires*, et non pas aux *dépenses facultatives*. Je conçois qu'en partant du principe qui a dirigé les auteurs de ce projet, on arrive à une concession aussi impolitique, et qu'on encourage les colons à empiéter de plus en plus sur le pouvoir. C'est à dessein que le mot *colon* se rencontre si souvent sous ma plume dans cette réfutation, car bien que le projet pose quelques bases libérales, elles sont tellement combinées qu'il est impossible de ne pas apercevoir l'intention secrète d'éloigner les hommes de couleur de l'exercice des droits de citoyen et de la participation aux affaires publiques.

Les articles 8 et 9 ne donnent lieu à aucune observation, leurs dispositions sont toutes légales. Je les passerai donc sous silence, ainsi que tous ceux qui rentrent dans la même ligne.

ART. 10.

Le gouverneur fait, en conseil privé, les projets d'arrêtés sur les matières indiquées en l'art. 4.

« Il nomme un ou plusieurs membres du conseil privé pour donner au conseil colonial des explications sur les différentes matières qui sont présentées à ses délibérations. »

ART. 11.

« Le gouverneur fait, en conseil privé, les réglemens d'administration et de police, rend les décisions et donne les instructions réglementaires pour l'exécution des lois et ordonnances royales publiées dans la colonie, sans les soumettre au conseil colonial. »

Ces deux articles n'ont pour but que d'éluder la responsabilité du gouverneur. Depuis trop long-temps le *conseil privé* a été l'auteur des mesures vexatoires et arbitraires adoptées et mises à exécution dans les colonies, pour qu'il soit possible de lui donner une nouvelle existence par la sanction de la loi. Les délégués des colons, eux-mêmes, reconnaissent que cette institution est tout à fait superflue. Le gouverneur doit être libre d'agir, pour que sa responsabilité ne soit pas un vain mot. Après tout, qu'il soit maître de consulter qui bon lui semble pour s'éclairer, mais la loi n'en doit pas faire une condition spéciale. Le gouvernement actuel a trop la volonté de marcher dans les voies du vrai, pour refuser de rendre l'homme investi de sa haute confiance, seul juge et responsable de ses actes.

Les articles 12, 13 et 14, en déterminant le nombre des membres du conseil colonial, donnent le droit au gouverneur de convoquer, proroger ou dissoudre ce conseil, mais alors d'en convoquer, pour ce dernier cas, un nouveau dans un délai fixé ; ces articles ne peuvent donner lieu à aucune observation, et j'en demanderai le maintien, sauf la suppression de ces mots : *de l'avis du conseil privé.*

ART. 15.

« *Le conseil colonial ne peut s'assembler qu'à l'époque et dans les lieux indiqués par la proclamation du gouverneur.*

« *Il ne peut délibérer que lorsqu'il se trouve au nombre de la moitié, plus un, du total de ses membres.*

« *Il ne peut prendre de résolution qu'à la ma-jorité absolue des membres présens.*

« *Pendant les dix premières années, à partir de la promulgation de la présente loi, les délibéra-tions du conseil colonial auront lieu à huis-clos, mais l'extrait des procès-verbaux de ses séances sera imprimé et publié à la fin de chaque session.* »

Le conseil colonial n'ayant à délibérer que sur des matières locales, il n'y a aucun inconvénient à la publicité des séances. Pourquoi le *huis-clos*, lorsqu'il ne s'agit pas de questions contraires aux bonnes mœurs et à la tranquillité du pays ? On n'a pas le prétexte ici de dire que les discussions laissées à traiter par le conseil colonial, peuvent soulever les passions, puisque la politique y est étrangère. Le gouvernement doit éloigner jus-qu'au soupçon que le *huis-clos* n'est demandé qu'afin d'écarter les hommes de couleur du con-tact des blancs, comme on l'a fait au théâtre, en payant au directeur 20,000 francs de la caisse du trésor à la Martinique, pour qu'il fermât son spectacle ; moyen d'éluder l'exécution de l'ordon-nance qui en rendait toutes les places accessibles aux hommes de couleur.

Les articles 16 et 17 ne donnent lieu à aucune observation.

ART. 18.

« *Les colonies auront des délégués près le gou-*

*vernement du roi, savoir : la Martinique, deux ; la
Guadeloupe, deux ; l'île de Bourbon, deux ; et la
Guyane-Française, un.*

« *Le conseil colonial nommera, dans la première session, les délégués de la colonie, et fixera
leur traitement.*

« *Pourra être choisi pour délégué, tout Français
âgé de trente ans et jouissant des droits civils et
politiques.*

« *Les délégués, réunis en conseil, sont chargés
de donner, au ministre de la marine et des colonies,
les renseignemens relatifs aux intérêts généraux
des colonies, et de suivre, auprès de lui, l'effet des
délibérations et des vœux du conseil colonial.*

« *La durée de leurs fonctions est égale à la durée des fonctions du conseil colonial.*

« *Toutefois, ils ne cesseront de les remplir que
lorsqu'ils auront été remplacés.* »

Pourquoi *seront* plutôt *nommés* par le conseil
général que par les colléges électoraux ? C'est le
principe du double vote remis en action aux colonies. Le conseil colonial, composé de trente
membres au plus, à la Martinique et à la Guadeloupe, est nommé par les colléges électoraux,
pourquoi ces mêmes colléges ne nommeraient-
ils pas en même temps les délégués près le gouvernement ? On veut toujours conserver le vieux
système : des délégués nommés par une coterie.

ART. 19.

« *Le conseil colonial désignera, avant la clôture de la session, deux de ses membres pour assister au conseil privé dans le cas prévu par le deuxième paragraphe de l'art. 3 ci-dessus.* »

D'après ce que j'ai dit du *conseil privé* et des dangers qu'il y aurait à maintenir une institution en dehors de la légalité, puisque ses pouvoirs, pas plus que ses attributions, ne sont définis par la présente loi, la chambre reconnaîtra la nécessité de supprimer cet article.

Nous arrivons aux articles 20 et 21, qui fixent le cens électoral et d'éligibilité.

Ils sont ainsi conçus :

ART. 20.

« *Pour être électeur, il faudra être âgé de vingt-cinq ans révolus, être né dans la colonie, ou y être domicilié depuis deux ans; jouir des droits civils et politiques; payer en contributions directes, à la Martinique et à la Guadeloupe, 400 fr., à l'Ile de Bourbon, 300 fr., à la Guyane, 200 fr.* »

ART. 21.

« *Pourra être élu au conseil colonial, tout électeur âgé de trente ans révolus, si d'ailleurs il peut justifier qu'il paie en contributions directes, à la Martinique et à la Guadeloupe, 800 fr., à l'Ile de Bourbon, 600 fr., et à la Guyane, 400 fr.*

Je pourrais appeler l'attention de la Chambre sur l'inégalité choquante que ce cens établit entre les habitans des colonies et ceux des habitans de la métropole. La faculté de l'électorat doit être une pour la France et pour les colonies, parce qu'en pareille matière, il n'y a pas deux sortes de liberté. En France, où existent de grandes fortunes territoriales et industrielles, on n'exige que 200 francs d'impôt. Aux colonies, pays pauvre, il faudra 400 fr. Ce cens y sera donc en raison inverse des fortunes, et la faculté de l'électorat y deviendra un privilége inaccessible à l'immense majorité.

Toutefois nous n'insistons pas sur ces aperçus qui ont déjà été présentés, et nous abordons des considérations plus spéciales.

Sous la restauration, il n'y avait point à la Martinique de cens pour l'électorat, il ne suffisait que d'être officier de milice, et les blancs seuls étaient appelés à ces fonctions (1). Le cens d'éligibilité aux fonctions de membre du conseil général existait seul : il était de 300 fr. Ainsi la restauration

---

(1) Les hommes de couleur étaient exclus de ce grade, comme ils le sont encore aujourd'hui ; exception que les délégués des colons, loin de blâmer jamais, cherchent par tous leurs efforts à maintenir dans le projet que nous examinons en ce moment.

demandait moins pour être éligible, que n'en exigent aujourd'hui les auteurs du projet, pour être électeur.

Sous ce rapport la restauration fut plus libérale pour les colonies, que ne serait la révolution de juillet !

Mais qui donc à la Martinique et à la Guadeloupe paie le cens de 400 francs ? Est-ce la classe moyenne, qui, dans les colonies comme ailleurs, forme le *peuple*, proprement dit, et alimente par son industrie les recettes du trésor ? Non ; c'est la classe des privilégiés qui possède presque toutes les terres qu'elle couvre *encore* d'esclaves, sur le nombre desquels le cens est basé, ainsi que nous allons le voir bientôt à l'art. 23.

Quant aux négocians, aux industriels, si considérables qu'ils soient, si intéressés au bien-être de la colonie qu'on doive les croire, ils ne seront point électeurs, parce qu'ils n'ont point *trente noirs*, nombre fixé pour tenir lieu de cens.

Que la chambre ne s'y méprenne pas, si le cens de 400 francs était maintenu, la faculté de l'électorat ne serait qu'une chimère pour les hommes de couleur ; elle résiderait exclusivement chez un petit nombre de planteurs intéressés à repousser toute amélioration, tout progrès dans l'ordre civil et politique des colonies, parce que leur prépondérance actuelle repose sur des abus. Ce ne serait

plus le gouvernement de la majorité , et on arri-
verait ainsi à la ruine des colonies par la violation
d'un des principes fondamentaux du gouvernement constitutionnel ; à plus forte raison , si le
gouvernement portait le taux électoral à 6oo fr.,
ainsi que le demandent les délégués des colons.
Peut-être ne portent-ils si haut leurs prétentions
que pour voir adopter le cens de 4oo francs , qui
leur garantit le privilége de l'électorat, en écar-
tant les hommes de couleur. Mais sans vouloir
sonder leur pensée , je m'empare de leurs pro-
pres expressions , et les crois sincères dans leur
demande de 6oo francs.

Dans leur *Lettre au ministre*, ils s'expriment
ainsi : « Le système des législatures locales peut
« être accompagné de quelques dangers dans les
« circonstances présentes. Ces dangers ne se trou-
« vent point où il vous a paru que la commission
« croyait les entrevoir : elle les voyait dans les dé-
« libérations des conseils coloniaux, dans la résis-
« tance que ces conseils pourraient apporter aux
« volontés de la métropole. Nous verrions , nous,
« le danger dans des *élections basées sur un cens*
« *électoral trop large.* Qu'on ne suppose pas que
« nous soyons préoccupés par la pensée d'éloigner
« les hommes de couleur des élections. » Ces mes-
sieurs se donnent un peu de peine pour déguiser
le fond de leur pensée , mais elle perce malgré le

soin qu'ils y mettent. En effet, ils prient le ministre de ne pas les croire dominés par l'idée d'éloigner les hommes de couleur des élections, tandis, au contraire, que c'est là où tendent tous leurs efforts. Plus haut, ils ont employé la menace de se retirer des colléges électoraux ; ici, ils se récrient sur un cens électoral, qui n'amènerait dans les colléges que quelques hommes de couleur. Nous allons les voir se trahir davantage encore.

« Pour *réduire*, disent-ils, *le nombre des élec-* « *teurs*, deux moyens se présentent, l'un est d'à- « dopter *notre proposition*, qui *est exceptionnelle,* « et en ne faisant porter le cens que sur la *quan-* « *tité d'esclaves recensés ;* l'autre est de rester dans « le droit commun, mais en *augmentant beaucoup* « le cens électoral et celui d'éligibilité. Il y aurait « cette différence entre les deux manières d'agir, « que notre projet donnerait des *résultats cer-* « *tains*, tandis que le système du droit commun « laisserait toujours une *grande incertitude sur les* « *conséquences réelles.* »

Ainsi, en dégageant cette pensée de tout ce qui la déguise, et en la rapprochant de celle émise page 24, et que j'ai citée dans mon examen de l'art. 1, on voit que MM. les délégués des colons avouent l'intention de leurs commettans d'aider le gouvernement de tous leurs moyens, si on ne fait porter le cens électoral que sur les esclaves recensés, c'est-à-dire au profit des grands planteurs, mais que leur coopération aux vues du gouvernement sera très-incertaine, si on reste dans le droit commun, en comprenant dans le cens électoral la cote de toute espèce d'impôts, et dût-on même le porter à 600 fr. De pareils raisonnemens n'ont pas besoin d'une plus longue réfutation : je ferai cependant observer la différence qui existe dans la rédaction de la brochure, intitulée : *Observations sur le projet de loi relatif au régime législatif des colonies*, et la lettre particulière adressée à M. le ministre de la marine, par MM. les délégués, ayant toutes deux pour objet de faire connaître les sentimens des colons. Dans la brochure imprimée, MM. les délégués des colons de la Martinique et de la Guadeloupe se contentent d'insister sur la nécessité de porter le cens à 600 fr., alors que dans la lettre confidentielle au ministre, ils disent bien que si on ne fait pas porter le cens sur la quantité d'esclaves, et si on reste dans le droit commun, sans augmenter de *beaucoup* le cens électoral et celui d'éligibilité, il y aura *toujours une grande incertitude sur les conséquences réelles ;* d'où il suit qu'il ne faut pas croire ces délégués quand ils parlent en public, et qu'il faut les deviner et les craindre quand ils parlent confidentiellement.

Après tout et en admettant les proportions les plus minimes pour le cens électoral colonial, on arrivera à cette vérité, qu'en France 200 francs donnent à un Français le droit de nommer un législateur, et que le double de la même somme, c'est-à-dire 400 francs, ne donnera aux colonies des Antilles, que le droit de nommer un simple conseiller colonial, égal, dans ses droits, à un simple membre de municipalité. Si on admet encore, comme l'a avancé M. le ministre, dans l'exposé de ses motifs, la différence de la valeur du signe monétaire de la France à la colonie, qu'il évalue dans la proportion de 1 à 3, calcul très susceptible de contradiction, et qui a donné occasion à une réfutation victorieuse de M. Richard, mandataire des hommes de couleur de la Guadeloupe, on me concédera sans doute l'énormité de la différence qui existe incontestablement entre le législateur de trente-deux millions de citoyens et le vérificateur de quelques dépenses de commune. Tout calcul fait, le désavantage est encore pour nos colonies. Je ferai remarquer de plus que, sous la restauration, qui n'était pas prodigue de droits politiques, une ordonnance du 9 février 1827, contre-signée par l'ex-ministre Chabrol, n'imposait d'autre condition à l'éligibilité que celle de payer 300 fr. d'impôts. Il est vrai que les hommes de couleur étaient ex-

clus de la jouissance des droits politiques, et qu'aujourd'hui ils y sont appelés. Mais il est à craindre
qu'ils ne voient une cruelle dérision dans cette
concession, étant tous à même de comparer le
cens de 3oo fr. exigé alors des blancs, à celui de
8oo fr. proposé dans le projet de loi. Tous diront
avec raison : « Les blancs ont exercé les droits
« politiques, alors que nous en étions exclus, au
« taux de 3oo fr. pour l'éligibilité ; aujourd'hui,
« nous sommes appelés à partager ces droits avec
« eux, on nous impose un cens de 8oo fr. ; évi-
« demment, il y a mauvaise foi, déception de la
« part des auteurs de ce projet, et on veut nous
« reconnaître un droit, sans nous laisser la possi-
« bilité de l'exercer. »

Terminons par ce rapprochement frappant :
Sous la restauration, le cens d'éligibilité pour la
France était de 1000 fr. ; pour les colonies, 3oo f.;
différence en faveur des colonies, 7oo fr. Depuis
la révolution de juillet, ce cens, pour la France,
est réduit de moitié, 5oo fr. ; on le propose de
8oo francs, chiffre presque triple de ce qu'il était
aux colonies des Antilles.

La différence est de 3oo fr. au désavantage des
colonies, et M. le ministre nous dit, dans son
exposé des motifs, que le signe monétaire est, de
la France à la colonie, comme 1 est à 3. Cette
valeur aurait-elle changé dans un sens si inverse

48

depuis la révolution de juillet? Nous pensons qu'il y a erreur de calcul de la part du ministre, et que pour être conséquent avec l'ordre de choses antérieur, il faudrait établir aujourd'hui le cens d'éligibilité à 150 fr. au lieu de le porter à 800 fr.

ART. 22.

« *Pour établir le cens déterminé par les art. 20 et 21, on pourra cumuler la contribution foncière en principal et en centimes additionnels, l'impôt des patentes et le nombre de noirs mentionné en l'article ci-après.* »

ART. 23.

« *Il sera tenu compte, par chaque noir recensé, de tout sexe, au-dessus de quatorze ans, à la Martinique et à la Guadeloupe, du trentième; à l'Ile de Bourbon, du vingt-quatrième; et à la Guyane, du vingtième de la somme fixée par l'art. 20 pour former le cens électoral.*

« *La même valeur sera donnée à chaque noir dans le calcul du cens de l'éligibilité.* »

Ne dirait-on pas que les auteurs de ce projet ont voulu, à force de combinaisons étranges, réserver absolument le droit de l'électorat et de l'éligibilité pour les planteurs? Et conçoit-on un cens qui assimile l'homme à du bétail? « *Chaque tête de* « *noir recensé de tout sexe comptera pour un tren-* « *tième de cens électoral!* Et c'est quand des voix

généreuses s'élèvent de toutes parts pour l'abolition de l'esclavage, qu'on veut asseoir, sur la possession d'un malheureux esclave, le plus beau, le
plus précieux des droits politiques! Une faculté
qui naîtrait de la violation des lois humaines et des
souffrances des misérables, serait à jamais viciée
dans son essence, et incompatible avec les idées
de liberté qui s'étendent chaque jour.

Et puis, ce serait s'écarter tout-à-fait du principe
de l'abolition progressive de l'esclavage par l'affranchissement, car aucun propriétaire d'esclaves
ne consentirait volontiers à accorder la liberté,
lorsque cette concession de sa part le priverait du
droit d'être électeur et éligible. Une pareille combinaison doit disparaître de la loi.

Ensuite, s'il fallait trente esclaves pour former le
cens électoral, ce serait concentrer de fait le droit
d'élection dans la classe des planteurs, qui seuls
ont besoin de nombreux esclaves pour la culture
des terres. De toute manière le projet les favorise
aux dépens des autres classes, qui n'ont pas moins
de droits qu'eux.

Il y a mieux, c'est qu'aux colonies les terres ne
paient pas d'impôt. Il peut donc arriver que des
négocians aisés, des propriétaires de maisons, ne
seraient pas éligibles, tandis qu'un planteur, beaucoup plus riche en apparence que par le fait,
parce que la propriété qu'il habite est grevée,

comme sont presque toutes les sucreries à la Martinique, serait éligible, uniquement parce que soixante esclaves cultiveraient cette propriété.

Autre singularité, car ce n'est pas la seule que nous offre ce projet de loi. A la Martinique, chaque esclave coûte annuellement au propriétaire des villes 3o francs de capitation, payés au trésor. Celui qui aura seize esclaves paiera 48o fr., pour cette sorte d'impôt; par conséquent, il excédera de 8o francs le cens de 4oo francs déterminé par l'article 2o, et cependant il ne sera pas électeur, puisqu'il ne lui sera tenu compte que d'un trentième par noir recensé. Pourtant il paiera au-delà du cens voulu, et sa cote ne comptera que pour 16/3o.

Poussons plus loin ce raisonnement. Tel propriétaire d'esclaves en ville, qui recenserait vingt-neuf noirs, paierait au trésor 87o fr. de capitation, à raison de 3o fr. par tête, et ne serait pas non plus électeur, car vingt-neuf noirs ou 87o fr. ne comptent, d'après le projet de loi, que pour 29/3o de 4oo francs. Ainsi, suivant le calcul des auteurs de ce projet, 9oo fr. de capitation égalent 4oo fr. d'impôt.

Le même raisonnement s'applique au cens d'éligibilité. Par exemple, l'article 22 fixe ce cens à 8oo fr. Le propriétaire de cinquante-neuf noirs paierait au trésor 177o francs, et n'aurait pas le droit d'éligibilité, bien qu'il ne faille payer que 800 francs, parce que, d'après les rédacteurs de ce projet, 1770 fr. pour le propriétaire d'esclaves en ville, ne font que 29/30 de 800 fr. Evidemment, tout est calculé au profit de l'aristocratie.

J'ai dû, pour me livrer à la démonstration arithmétique qui précède, vaincre ma répugnance à ravaler l'homme au niveau de la chose ; et qu'on ne pense pas ici que, pour ainsi dire, malgré moi, j'aie cédé à l'idée qui domine dans le projet. J'ai voulu seulement, sans en appeler à la force entraînante des principes d'humanité, démontrer toute l'absurdité de l'économie du projet de loi, fondée sur le recensement des noirs. Il ne reste dans mon esprit aucun doute sur le rejet d'une combinaison aussi immorale.

L'article 24 est du domaine administratif, et rentre dans la légalité voulue; il veut que, par ordonnance royale, on détermine les modifications qu'exigent les localités, et l'application aux colonies des principes posés par la loi du 19 avril 1831, sur les élections à la Chambre des députés. Je passerai donc à l'examen des deux derniers articles qui terminent le projet de loi, et qui sont loin de remplir les vues de la Charte.

ART. 25.

« Sont abrogées toutes dispositions de lois, édits, déclarations du roi, ordonnances royales et autres

actes actuellement en vigueur dans lesdites colo-
nies, en ce qu'elles ont de contraire à la présente
loi. »

A l'énumération des dispositions qu'on reconnaît la nécessité d'abroger par cet article, il faudrait nommément désigner les ordonnances organiques de 1825, 1826 et 1827, ainsi que toutes autres ordonnances relatives *au conseil privé*, qui ne peut plus exister comme corps législatif colonial. En agir autrement, ce serait semer à l'avance des difficultés pour l'avenir, et perpétuer un ordre de choses intolérable que l'on veut détruire.

ART. 26.

« *Les établissemens français, dans les Indes-Orientales, en Afrique, à St.-Pierre et Miquelon, continueront d'être régis par des ordonnances du roi.* »

Ici semble percer le regret tardif d'avoir rédigé l'art. 64 de la Charte, que l'on paraît vouloir torturer, comme on a torturé l'art. 14 de la vieille Charte. Pourquoi ranger de nouveau sous le pouvoir royal nos possessions des Indes-Orientales, d'Afrique, et Saint-Pierre et Miquelon? L'art. 64 de la Charte de 1830 dit positivement que les colonies françaises sont régies par des Lois particulières. Vouloir soumettre partie d'elles aux lois, et l'autre partie aux régimes des ordonnan-

ces , c'est déolarer qu'on établit encore des caté-
gories. Pas de semblables exceptions. Nos établissemens des Indes-Orientales , en Afrique, à St-
Pierre et Miquelon , ne peuvent pas être régis
autrement que nos possessions des Antilles ,
de Bourbon et de la Guyane , puisque ce sont des
Français qui les habitent. L'arbitraire exclu d'une
partie de nos colonies ne peut se réfugier dans
une autre. Je n'entends pas que les mêmes lois régissent les unes et les autres , mais je demande ,
la Charte de 1830 à la main , que les unes et les
autres soient désormais soumises à des lois appro-
priées à leurs besoins , à leurs usages , et nulle-
ment au bon plaisir des ordonnances.

J'ai terminé le travail que j'avais entrepris dans
l'intérêt des colonies, pour les faire jouir enfin
des fruits de la vraie civilisation fondée sur les principes de liberté et d'égalité. J'ai parcouru cette tâ-
che en citoyen qui veut avant tout le bien de son
pays. Si, parfois , je ne me suis pas trouvé d'accord
avec les auteurs de ces projets de loi , c'est que je
devais, tout en m'abstenant de substituer mes idées
aux leurs , faire ressortir tel ou tel vice qui me
frappait. Je crois avoir , par le soin que j'ai cons-
tamment pris de justifier mes raisonnemens, prou-
vé ma confiance dans la sagesse des législateurs
auxquels je m'adresse. C'est elle, en effet, que j'in-

voque ; et lui signaler ce qui est contraire au but qu'on se propose, est tout ce que j'avais à faire dans la circonstance.

Je ne veux pas, comme certain délégué, envier pour nos colonies, la *stabilité* des gouvernemens de Prusse, d'Autriche et de Russie (1), je craindrais, par cette forme d'administration, me rapprocher un peu trop du despotisme et de l'arbitraire devenus si insupportables et désormais impossibles pour les Français ; mais je m'unirai d'intentions et d'efforts à mon collègue de la Guadeloupe, M. Richard, qui, dans son examen de projet de loi sur le régime législatif aux colonies, demande des garanties d'admissibilité aux droits politiques, égales pour les blancs et les hommes de couleur, si toutefois la loi est votée telle qu'elle a été présentée par le ministre. En effet, si on veut sérieusement opérer la fusion des deux classes, il faut les appeler en forces égales à l'exercice des droits politiques, ou établir des bases telles que l'une ou l'autre classe ne puisse pas en être privée. Il est donc de la politique du gouvernement de la métropole, d'éviter toute espèce de soupçon sur la sincérité de ses vues d'amélioration, car on ne croira jamais, aux colonies, qu'une loi

----

(1) *Du Système de colonisation*, par M. Lacharière, page 26.

qui ne tient qu'entr'ouverte, pour les hommes de couleur, une porte qu'elle ouvre à deux battans à leurs adversaires, soit faite pour changer l'état actuel des choses. Vouloir que les hommes de couleur se contentent de la simple proclamation d'un principe incontestable, et qu'ils en laissent le bénéfice à la classe privilégiée des colons, n'est pas ce que nous avons droit d'attendre, et je ne cesserai, au nom de toute ma classe, de demander égalité entre elle et les blancs. Serais-je trop présomptueux de compter sur l'appui des députés de la France ?

BISSETTE,

Mandataire des hommes de couleur de la Martinique.

Paris, ce 16 février 1832.